AF479393

LES PRINCIPES

POLITIQUES ET SOCIAUX

ET LES

RÉFORMES NÉCESSAIRES

PAR

E. PERRON

MEMBRE DU CONSEIL GÉNÉRAL DE LA HAUTE-SAÔNE.

PARIS

E. DENTU, LIBRAIRE-ÉDITEUR

17-19, GALERIE D'ORLÉANS (PALAIS-ROYAL.)

1869

LES PRINCIPES

POLITIQUES ET SOCIAUX

ET LES

RÉFORMES NÉCESSAIRES

PARIS

IMPRIMERIE BALITOUT, QUESTROY ET Cᵉ

7, rue Baillif et rue de Valois, 18

LES PRINCIPES

POLITIQUES ET SOCIAUX

ET LES

RÉFORMES NÉCESSAIRES

PAR

F. PERRON

MEMBRE DU CONSEIL GÉNÉRAL DE LA HAUTE-SAONE.

PARIS

E. DENTU, LIBRAIRE-ÉDITEUR

17-19, GALERIE D'ORLÉANS (PALAIS-ROYAL.)

1869

LES PRINCIPES

POLITIQUES ET SOCIAUX

ET LES

RÉFORMES NÉCESSAIRES

BUT DE CET ÉCRIT

Si l'on en croyait les journaux et les orateurs des partis violents, la France serait aujourd'hui, parmi les nations civilisées, l'une des moins avancées dans la liberté et le progrès social.

Il faut empêcher une erreur aussi dangereuse de se propager à l'intérieur comme au dehors ; à l'intérieur, où elle ne peut qu'égarer l'esprit des classes laborieuses et retarder le complément de leur émancipation ; au dehors, où, en donnant aux étrangers une fausse idée de la France, elle lui en-

lève la sympathie des peuples et affaiblit, à leur détriment, sa légitime influence.

Pour cela, le meilleur moyen est de remettre en
lumière, sous une forme simple, précise et claire,
les véritables principes politiques et sociaux; puis
de les comparer à la situation actuelle de la France,
afin de savoir, d'un côté. jusqu'à quel point elle
les a fait passer dans ses lois et dans ses mœurs, et,
de l'autre, quelles réformes, quels progrès il lui
reste encore à faire pour que, chez elle, l'application
de ces principes ne laisse rien à désirer.

Tel est le but de cette publication dont personne
ne contestera l'opportunité, en présence des réformes
libérales qui viennent de s'accomplir et des amélio-
rations sociales si impatiemment attendues.

CHAPITRE I

LA LIBERTÉ

Les principes politiques et sociaux se résument tous dans la LIBERTÉ et l'ÉGALITÉ.

Une société est d'autant plus parfaite que la liberté des citoyens y est plus complète et l'égalité entre eux plus absolue.

§ I.

La liberté en général.

Tous parlent de la Liberté; très-peu la comprennent. Il est cependant nécessaire de s'en faire une idée juste; autrement le débat sur cette question capitale n'aurait jamais de fin.

Dans son sens absolu, la Liberté est la faculté de penser, de dire et de faire tout ce qu'on veut.

La Liberté se compose de deux éléments distincts :

l'intelligence et la *volonté*. L'intelligence qui conçoit et indique à la volonté ce qu'il faut faire ; la volonté qui exécute.

La volonté est une force, mais une force aveugle tant qu'elle n'est pas guidée par l'intelligence, qui seule possède la lumière.

La Liberté est d'autant plus complète, que l'intelligence est plus éclairée et que la volonté lui est plus soumise.

—

Malheureusement la volonté ne dépend pas seulement de l'intelligence ; elle est aussi sous l'influence des instincts et des passions qui sont aveugles comme elle, et qui la poussent souvent hors des voies de la raison. Que d'hommes éminents par le talent sont esclaves de tous les vices !

Il en a été ainsi de tout temps. Un ancien n'a-t-il pas dit : « Je vois le bien, je sais qu'il faut l'accomplir, et cependant, je fais le mal ! »

Pour être vraiment libre, l'homme doit donc être aussi indépendant de lui-même que de ses semblables. L'esclave de ses passions est bientôt l'esclave des passions des autres.

Les anciens tyrans le savaient bien. Pour réduire un peuple à l'esclavage, leur moyen le plus sûr était la *corruption* ; ils y ajoutaient l'*ignorance*, parce qu'ils savaient aussi que l'instruction est un des éléments fondamentaux de la Liberté.

La Liberté est l'essence même de l'homme ; c'est elle qui constitue sa personnalité et sa responsabilité ; c'est elle qui le distingue de toute autre créature, en un mot, qui le fait homme.

Voilà pourquoi l'esclavage, qui transforme l'homme en brute, est le plus grand des crimes.

Par la même raison, les meilleures institutions politiques et sociales sont celles qui contribuent le plus au développement de la liberté humaine, et les pires de toutes, celles qui lui imposent le plus d'entraves.

§ II.

Limites de la liberté.

Il faut distinguer entre une Faculté et le Droit d'en user.

La liberté de l'homme n'aurait d'autres limites que celles de sa puissance, si, en sa qualité d'être moral, il n'était soumis à la grande loi du *bien* et du *mal*, qui lui prescrit de pratiquer l'un et d'éviter l'autre, et s'il ne vivait dans la société d'hommes semblables à lui, dont il doit respecter la Liberté comme ils sont tenus de respecter la sienne.

Le *Droit* de l'homme est donc limité par son *Devoir*, sa Liberté par celle des autres.

—

Le Bien et le Mal sont faciles à connaître. Le Bien

est l'Ordre, et l'Ordre consiste en ce que chaque chose soit à sa place, dans le monde moral comme dans le monde physique.

Le Mal est le Désordre qui consiste en ce que les choses matérielles ou morales ne sont pas à leur place.

Pour distinguer le Bien et le Mal, il suffit d'être en présence de l'un et de l'autre. L'Ordre nous plaît et nous attire, tandis que le Désordre nous déplaît et nous repousse.

Sans ses passions qui l'aveuglent et l'entraînent, l'homme ne voudrait et ne ferait jamais que le bien.

—

Les droits et les devoirs de la Liberté sont inscrits, d'abord, dans la loi morale que la conscience révèle à chaque homme; puis, dans les lois humaines qui développent la loi morale en l'appliquant aux diverses circonstances de la vie civile et politique, et qui ne sont légitimes qu'à la condition d'être conformes à cette règle suprème.

Toute loi humaine opposée aux principes de la morale éternelle, doit être rayée du Code des nations.

—

La loi morale est la même pour tous les hommes; les lois humaines doivent être également les mêmes pour tous.

Une législation qui permet aux uns ce qu'elle défend aux autres, qui impose à ceux-ci des obligations dont elle dispense ceux-là, ou qui accorde à une partie des membres d'une société des droits, des avantages qu'elle refuse à l'autre partie, est une législation de privilége, par conséquent, d'iniquité.

L'égalité devant la loi est la condition fondamentale de la Liberté.

§ 3.

Division de la liberté.

La Liberté est une ; mais elle prend différents noms selon les divers objets auxquels elle s'applique: de là sa division en Liberté *religieuse*, Liberté *civile*, Liberté *politique*.

§ 4.

Liberté religieuse.

La Religion est le lien entre l'homme et Dieu, entre la vie présente et l'autre vie.

Les différentes croyances qui se sont établies sur les rapports de l'homme avec Dieu et sur les destinées de l'âme humaine, ainsi que les pratiques extérieures par lesquelles ces croyances se manifestent, forment les religions diverses.

—

La Religion est un des éléments nécessaires de

l'humanité. On la trouve partout, dans tous les temps. Loin d'être le produit de l'ignorance et des préjugés, elle a sa source dans les sentiments les plus purs, les idées les plus profondes de l'âme humaine. Ce sont généralement les génies supérieurs et les caractères les plus fermes qui se montrent le plus religieux.

L'*Athéisme* n'est donc pas le propre des esprit *forts*, mais des esprits *faibles*, qui s'arrêtent aux effets sans remonter aux causes, qui admirent la montre sans penser à l'horloger qui l'a faite. C'est une maladie de l'esprit qui provient souvent de la corruption du œur.

—

Les bases de toute Religion sont, d'une part, la royance à l'existence de la Divinité qui, sous le nom de Providence, préside aux destinées du monde; de l'autre, la croyance que l'homme a une âme distincte de son corps et qui reçoit, dans une autre vie, la récompense ou le châtiment de sa bonne ou mauvaise conduite en celle-ci.

Cette double croyance a été plus ou moins grossière, plus ou moins pure, selon les lieux, les temps et le degré de civilisation des peuples. Les progrès religieux ont souvent suivi ceux de l'humanité, comme chez les grecs et les romains; mais souvent aussi ils les ont précédés, comme chez les juifs, les mahométans, les nations barbares converties au christianisme.

Toutes les religions tendent à se fondre en une seule, celle dont les dogmes et la morale sont le plus conformes aux lois de la raison et aux caractères de la vérité.

Sous ce double point de vue, la religion *chrétienne* est incontestablement supérieure aux autres ; et, parmi toutes celles qui reconnaissent le Christ pour leur fondateur, le *Catholicisme* occupe la première place, non-seulement à cause du nombre de ses adhérents, mais surtout parce que seul il possède cette *unité* de doctrine sans laquelle aucune religion ne peut durer.

De là ses progrès incessants dans le monde et les conquêtes qu'il fait chaque jour sur toutes les sectes rivales. Il en ferait bien plus encore et de plus rapides, si ceux qui le représentent s'appliquaient davantage à mettre en relief la pureté de ses dogmes et de sa morale, au lieu de rappetisser son esprit et de l'envelopper dans des détails accessoires qui le rendent par fois méconnaissable.

———

Dans les anciens temps, la Religion et l'Etat étaient souvent confondus. Il en est encore ainsi en Asie, même en Europe où l'on voit, chez des peuples chrétiens, le chef de l'Etat réunir le pouvoir politique et le pouvoir religieux, comme en Russie, en Angleterre et dans d'autres nations protestantes.

Cette confusion a disparu chez les peuples catholiques. La Religion y a son chef indépendant de tous les souverains qui le sont à leur tour du chef de la Religion; le temporel y est nettement séparé du spirituel, l'État de l'Eglise; ce qui a permis à ces peuples de fonder chez eux la véritable Liberté religieuse.

—

La Liberté *religieuse* consiste dans le droit, égal pour tous, de choisir entre les différentes religions établies, de s'en faire une nouvelle, même de n'en avoir aucune.

Elle implique également le droit pour chaque individu de pratiquer, par le culte extérieur, la religion préférée, de parler et d'agir en sa faveur, pourvu qu'il respecte la même liberté chez les autres.

—

Toute loi humaine qui impose une religion quelconque est attentatoire à la liberté. Elle ne peut statuer que sur les rapports des hommes entre eux; ceux qu'ils ont avec Dieu ne sont pas de son domaine, à moins qu'il ne s'agisse de doctrines dangereuses pour la société, ou de cérémonies extérieures qui intéressent l'ordre public.

Il ne peut donc y avoir aucune religion d'*Etat*; mais il y a souvent, dans un État, des religions diverses auxquelles il doit une égale protection.

§ 5.

Liberté civile.

La Liberté civile est celle du citoyen ; il n'y a de citoyens que dans les États libres.

Elle consiste dans le droit de parler et d'agir, d'aller et de venir, de disposer de sa personne et de ses biens selon sa volonté, dans les limites tracées par les lois.

Le salut de l'État exige quelquefois des lois particulières qui restreignent et même suspendent momentanément la liberté civile ; mais cela n'arrive que dans des circonstances exceptionnelles et passagères. Aussitôt que le danger public a cessé, les lois restrictives ou suspensives doivent également ment disparaître.

Devant la loi civile, il n'y a ni grands ni petits, ni riches ni pauvres, ni nobles ni roturiers ; il n'y a que des hommes de même nature, qui, par conséquent, doivent être tous soumis aux mêmes règles, participer aux mêmes charges et pouvoir aspirer aux mêmes avantages.

Les priviléges de race et de classe ne sont fondés que sur l'ignorance et la faiblesse des uns, sur la force et l'habileté des autres ; ils sont également réprouvés par le droit et le bon sens.

—

Le seul privilége que la loi reconnaisse aujourd'hui en France appartient aux membres des grands corps politiques et aux fonctionnaires publics, qui ne peuvent être poursuivis, pour les fautes dont ils se rendent coupables, que moyennant l'autorisation de leur corps ou du Conseil d'Etat.

Ce privilége s'explique en faveur des membres des corps politiques ; il s'expliquait même en faveur des fonctionnaires publics quand il fut rétabli, au sortir de la grande révolution qui avait détruit le respect de toute autorité et rendu fort difficile le recrutement des fonctionnaires. Mais aujourd'hui que l'autorité a repris son prestige, et que les fonctions publiques sont l'objet de toutes les ambitions, leur privilége peut être restreint sans danger.

—

La loi civile s'applique aussi bien aux familles qu'aux individus.

Chaque famille se compose de l'homme et de la femme, unis par les liens du mariage, et des enfants qui en résultent.

Les liens du mariage consistent dans le serment de fidélité et d'assistance mutuelles que se prêtent les époux, au nom de la loi qui le sanctionne et devant le magistrat qui le constate.

Les formalités qui entourent cet acte, le plus important de la vie humaine, ont surtout pour objet l'intérêt des faibles, la femme et les enfants.

—

Le mariage est la base de la famille : hors du mariage, la réunion de l'homme et de la femme n'est qu'un concubinage, aussi humiliant pour la femme que funeste aux enfants.

—

Le mariage est *indissoluble*. Cependant, lorsque, pour des motifs très-graves et dans des circonstances exceptionnelles, deux époux ne pouvaient plus rester unis, le code Napoléon permettait le divorce. La Restauration a cru devoir le supprimer. Est-ce à tort? La question est toujours pendante; elle ne tardera pas à fixer l'attention du Législateur.

—

Devant la nature et la raison l'homme et la femme sont égaux en droits ; ils doivent donc l'être aussi devant la loi civile. Il en est de même de tous les enfants, quels que soient leur sexe et la date de leur naissance.

Toute loi qui établit des priviléges entre les membres d'une même famille, en faveur des aînés et des mâles, au détriment des cadets et des filles, n'est pas moins contraire à liberté et à l'égalité naturelles que celle qui crée des priviléges entre les membres d'un même État.

Cependant, la nécessité de constituer et de maintenir l'unité dans la famille a obligé la loi à subordonner la femme à l'homme, et les enfants à leurs père et mère.

La subordination des enfants à leurs parents, tant que les premiers n'ont pas atteint l'âge de la majorité, est de droit naturel; celle de la femme à l'homme résulte de la supériorité généralement reconnue de l'homme sur la femme, sous le double point de vue de la force et de la raison.

Sans doute cette supériorité n'est pas toujours du côté de l'homme; mais alors la femme ne tarde pas à réparer l'erreur exceptionnelle de la loi, en s'emparant du rôle qu'elle est la plus capable de remplir.

Ainsi, dans l'ordre civil comme dans l'ordre religieux, la condition essentielle de la liberté est l'égalité.

Cette condition n'est pas moins nécessaire à la Liberté *politique*.

§ 6.

Liberté politique.

La liberté politique est le droit, pour tous les citoyens d'un Etat, de concourir également à sa constitution, à ses lois, à son gouvernement.

Ceux qui n'ont pas ce droit ne sont pas des citoyens, mais les sujets de ceux qui l'ont, puisqu'ils sont forcés de se soumettre aux lois et réglements que ces derniers leur imposent.

Nul ne compte dans l'Etat s'il ne peut y exprimer sa volonté et y exercer son action. Quand un seul à ce pouvoir, c'est avec raison qu'il peut dire : « l'Etat, c'est moi. » —

Il est impossible que tous les citoyens d'un pays participent directement à la rédaction de sa Constitution, à l'élaboration de ses lois, à l'administration de ses affaires ; ils ne peuvent y intervenir que par leurs représentants ; mais ceux-ci n'ont de mandat légitime qu'à la condition de le tenir du libre choix de leurs concitoyens.

Toute élection à une assemblée quelconque, constituante, législative, conseil général ou communal, qui serait le résultat de la corruption ou d'une pression sur la volonté des électeurs, est viciée dans son principe, et nulle de plein droit.

Pour qu'une élection soit vraiment *libre*, il faudrait qu'elle fût, en même temps, *éclairée*.

Malheureusement, il est difficile qu'il en soit ainsi, au début de l'exercice du suffrage universel, quand un si grand nombre d'électeurs sont encore privés des premiers éléments de l'instruction.

Dans un pays où le droit électoral appartient à tous, chacun doit savoir au moins lire et écrire, et l'État ne doit rien négliger pour mettre tous les citoyens à même d'accomplir, avec connaissance de cause, leurs devoirs politiques.

§7.

La Constitution.

La Constitution d'un Etat ne doit renfermer que les bases de son organisation et de sa législation sociale, politique et civile ; la forme et les conditions fondamentales de son gouvernement. Elle est d'autant meilleure qu'elle est plus courte et plus simple.

—

Une Constitution n'est pas toujours écrite ni faite d'une seule pièce. Souvent elle consiste en un certain nombre de principes, établis successivement et consacrés par le temps qui les a fait passer, peu à peu, dans la conscience et les mœurs de la nation.

Souvent aussi la Constitution est le résultat du travail d'un législateur ou d'une assemblée spéciale que le peuple charge de la rédiger.

Mais, quelle que soit son origine, comme elle est l'acte le plus important de la souveraineté nationale, et que la souveraineté réside dans l'ensemble des citoyens, aucune Constitution n'est légitime sans leur consentement exprimé ou tacite.

Aussi, toutes les Constitutions des Etats libres sont-elles soumises, du moins dans leurs points fondamentaux, à l'acceptation du peuple.

§ 8.

La Législation.

Les lois ordinaires doivent découler de la même source. Ces règles qui prescrivent à chaque citoyen ce qu'il doit faire ou ne pas faire dans les différentes circonstances de la vie, et qui édictent des peines contre ceux qui les enfreignent, n'ont d'autorité qu'à la condition d'être l'expression fidèle de la volonté nationale.

—

Le caractère essentiel d'une bonne législation est d'être *claire* et *simple*. Sous ce double rapport, le *Code civil* français, à la rédaction duquel Napoléon a présidé, est un modèle que toutes les nations nous envient.

On ne peut en dire autant de nos autres Codes, surtout de ceux de *procédure civile* et d'*instruction criminelle*, dont certaines prescriptions anti-libérales et trop coûteuses exigent une prompte réforme.

Les lois que nos assemblées délibérantes ont ajoutées à nos Codes sont encore plus imparfaites. Il y en a une telle multitude, et chacune d'elles est si longue, si compliquée, qu'aucun magistrat ni homme de loi n'est capable d'en embrasser l'ensemble, encore moins les détails.

De là tant de procès et de jugements contradictoires.

Le véritable *esprit des lois* a disparu de la France. Nos législateurs ont été remplacés par des casuistes, autrement dits, des avocats et des procureurs.

—

Tous les citoyens ne peuvent être appelés à faire les lois ; mais tous doivent participer au choix des représentants chargés de les discuter, de les voter ou de les rejeter au nom du pays.

Celui qui fait les lois est le maître ; c'est pour cela que tous les citoyens doivent y concourir directement ou par leurs mandataires, et que le chef de l'État lui-même, à moins de circonstances exceptionnelles, n'est jamais investi du droit législatif tout entier.

Cependant il doit en avoir sa part, et les Constitutions les plus libérales n'ont pas manqué de la lui faire, personne n'étant mieux placé que lui pour connaître les besoins de la nation.

Généralement il prépare les lois projetées et les présente ; toujours il participe à leur discussion et les promulgue ; seul il est chargé de leur exécution.

—

Dans la plupart des États constitutionnels, une part du pouvoir législatif est aussi attribuée à un corps politique qui, sous le titre de Sénat ou de Chambre des pairs, est chargé de veiller au maintien de la Constitution, de réviser les lois votées par les députés, et de servir de modérateur entre ceux-ci et le Souverain.

Dans les nations aristocratiques, comme en Angleterre, en Allemagne, ce corps est généralement formé des chefs des familles les plus illustres par la naissance et les plus influentes par la fortune.

Chez un peuple démocratique comme en France, le Sénat ne peut être composé que des hommes qui, par leur talent, leur expérience et l'éclat de leurs services, se recommandent à la confiance du chef de l'État et à celle du pays.

§ 9.

Le gouvernement.

La Constitution et les lois les plus parfaites seraient comme non avenues, si elles n'étaient pas appliquées : le pouvoir *exécutif* n'est pas moins nécessaire que le pouvoir législatif.

Les citoyens d'un État peuvent encore moins veiller à l'exécution des lois que travailler directement à leur rédaction. Il leur faut donc de nouveaux mandataires, un ou plusieurs, qui les remplacent dans cette tâche ainsi que dans tous les détails de l'administration publique; il leur faut un GOUVERNEMENT.

Le prétendu principe « du gouvernement du pays par le pays, » que l'on préconise tant aujourd'hui, n'est qu'un absurde contre-sens politique. Le pays, c'est-à-dire l'ensemble des citoyens, se garde bien de s'y laisser prendre. La preuve qu'il se croit incapable de se gouverner lui-même, c'est qu'aussitôt qu'un gouvernement est tombé, il s'empresse de s'en donner un autre.

—

Le premier devoir du Gouvernement est de maintenir l'ordre et la tranquillité, sans quoi il n'y a ni sécurité, ni liberté pour personne.

Pour accomplir ce devoir, le chef de l'État doit être investi d'une autorité d'autant plus puissante que les lois du pays sont plus libérales et son organisation sociale plus démocratique. La démocratie et la liberté sont des forces tellement expansives, que, sans un pouvoir capable de les contenir, elles auraient bientôt tout emporté et se perdraient elles-mêmes dans l'anarchie.

Ceux qui ne s'occupent que d'affaiblir le pouvoir au prétendu profit de la liberté, font comme le mécanicien qui, à mesure qu'il condenserait la vapeur, diminuerait la résistance du tube qui la renferme. L'explosion ne se ferait pas attendre.

§ 10.

Divisions administratives.

Pour faciliter la tâche du Gouvernement, l'administration de la France a été divisée en un certain nombre de branches, dont chacune répond à un grand service public, et qui constituent les différents ministères des *cultes* et de la *justice*, de l'*instruction*, de l'*agriculture*, du *commerce*, des *travaux publics*, de l'*intérieur*, des *affaires étrangères*, des *finances*, de la *guerre*, de la *marine*.

Et, pour que l'action administrative s'étendît à tous les citoyens et à tous les points du pays, le territoire a été divisé, à son tour, en différentes circonscriptions, à la tête desquelles le Gouvernement a placé des fonctionnaires pour le représenter et exécuter ses ordres.

Ce sont les *départements*, les *arrondissements*, les *cantons* et les *communes*, administrés par des préfets, des sous-préfets, des maires, et qui ont près d'eux, comme le chef de l'Etat, des conseillers élus, chargés de contrôler leurs actes et de délibérer sur les intérêts de leur circonscription.

—

La Commune est le dernier fractionnement de la division administrative et territoriale. C'est l'unité indivisible, qui forme la base de la nation et qui renferme, en petit, tous les éléments, tous les intérêts qui se trouvent en grand dans l'Etat.

Son premier magistrat, sous le titre de *maire*, est à la fois le chef de la commune et le représentant de l'autorité centrale. De là, pour lui, la nécessité d'être élu ou agréé en même temps par la Commune et par le Gouvernement.

Avant 89, la France, au lieu d'être divisée en départements, l'était en *provinces*, beaucoup plus étendues, ayant chacune ses us et coutumes, ses priviléges et une certaine indépendance.

Pour constituer la grande unité nationale qui a fait la France si puissante, nos pères ont été forcés de morceler ces provinces et même d'en supprimer les noms.

Ce moyen violent a atteint son but, mais en le dépassant. Avec la division territoriale actuelle, les différentes parties de la France sont trop petites, les membres du corps social sont trop faibles pour faire contre-poids à la tête qui absorbe toutes les forces du pays.

De là, les graves inconvénients de cette centralisation excessive dont se plaignent, avec raison, les meilleurs esprits; de là, le mouvement de l'opinion qui se prononce chaque jour plus fortement en faveur de la reconstitution des anciennes provinces, ou de la création d'un certain nombre de grands centres, qui seraient pour les différents points de la France autant de foyers d'activité et de vie.

§ 11.

Formes du gouvernement.

La nécessité de l'unité dans la direction des affaires a conduit presque tous les peuples à préférer

le gouvernement d'un seul à celui de plusieurs ; et
les avantages qui résultent de la persévérance, de
la suite dans les projets, ont fait prédominer le gouvernement *monarchique héréditaire* sur le gouvernement *républicain électif*.

Tous deux ont leur utilité et leurs inconvénients. Le républicain semble plus favorable au progrès ; mais il a contre lui la lutte incessante des
partis, l'instabilité dans les personnes et dans les
vues. Le monarchique est plus propre au maintien
de l'ordre et à la prospérité publique ; mais il
tombe quelquefois dans l'engourdissement ou l'inca-
pacité.

Généralement les peuples jeunes et aventureux
préfèrent la République ; tandis que la Monarchie
convient mieux aux peuples anciens pour maintenir leurs traditions, leurs relations avec les autres
peuples, pour rattacher leur présent à leur passé et
à leur avenir.

Aujourd'hui, d'ailleurs, les inconvénients du gouvernement monarchique sont de beaucoup atténués
par l'intervention des représentants du pays dans la
confection des lois, par leur droit de voter l'impôt,
de participer aux grandes mesures d'intérêt public
et de contrôler tous les actes du pouvoir.

C'est par ce droit de contrôle que le pays surveille
la conduite générale de ses affaires et reste toujours
maître de ses destinées.

Le contrôle ne s'exerce que sur des faits accomplis; tout ce qui n'est qu'en projet lui échappe. Il y a cependant des projets qui peuvent gravement engager la fortune et l'avenir du pays.

Quel est alors le devoir du Gouvernement?

Sauf quelques cas exceptionnels où le secret est la condition du succès, le chef de l'Etat ne doit pas lancer la nation dans une entreprise importante, sans l'avoir consultée par ses mandataires.

Mais, consulter les représentants du pays, ce n'est pas leur abandonner la direction des affaires publiques; autrement les rôles seraient intervertis et la volonté nationale méconnue. Le Gouvernement, qu'elle a confié à un *seul*, passerait dans les mains de *plusieurs*; il deviendrait alors un Gouvernement *parlementaire*, c'est-à-dire celui de la confusion et de l'impuissance, que Proudhon, qui le connaissait pour l'avoir vu à l'œuvre, caractérisait par ce mot énergique « le Gouvernement de la *blague.* »

—

Ce serait se tromper étrangement que de considérer la forme monarchique comme moins favorable à la liberté que la forme républicaine. Dans les grands Etats, c'est tout le contraire. Rien n'est plus fatal à la liberté que les luttes périodiques entre ceux qui se disputent le pouvoir et divisent la nation en vainqueurs et en vaincus, en oppresseurs et en opprimés.

Sans évoquer les souvenirs de l'antiquité, rappelons-nous nos républiques de 93 et de 48. Jamais la France a-t-elle eu moins de liberté pratique qu'à ces sanglantes et orageuses époques ?

Dans la monarchie héréditaire, il ne peut y avoir ni vainqueurs ni vaincus. Le chef de l'Etat, tenant son pouvoir de la nation tout entière, n'appartient à aucun parti ; son intérêt, comme sa raison, lui fait un devoir de se montrer impartial envers tous.

—

Une monarchie ne s'improvise pas ; c'est la gloire qui la fonde, principalement la gloire militaire.

Comme l'a dit le poëte :

« Le premier qui fut roi, fut un soldat heureux. »

La monarchie se maintient par le prestige du nom de son fondateur ; elle dure tant que ses héritiers conservent ce prestige ; elle tombe quand il a disparu.

Les peuples, aujourd'hui surtout, ne veulent à leur tête que des hommes supérieurs par l'illustration et le talent.

Le nom de César a suffi pour faire passer l'Empire dans les mains de son neveu ; mais Auguste ne put conserver le pouvoir suprême et le transmettre paisiblement à son successeur que par ses grandes qualités personnelles.

—

Au reste, que le gouvernement soit monarchique

ou républicain, le chef de l'Etat n'en est pas moins le mandataire du pays qui l'a choisi et qui conserve le droit de lui retirer son mandat, s'il se montre incapable ou indigne de le remplir.

C'est pour cela que la Constitution du nouvel empire français a voulu que le souverain fût toujours *responsable*.

Quand Napoléon Ier reçut la couronne impériale des mains du peuple, il prononça devant le Sénat ces mémorables paroles qui indiquent, à la fois, l'origine légitime de toute monarchie et les conditions de sa durée :

» Je soumets à la sanction du peuple la loi sur l'hérédité.

« J'espère que la France ne se repentira jamais » des honneurs dont elle environnera ma famille.

» Dans tous les cas, mon esprit ne sera plus avec » ma postérité le jour où elle cesserait de mériter » l'amour et la confiance de la grande nation. »

Dans toutes les Constitutions, le chef de l'Etat commande les armées de terre et de mer, déclare la guerre, fait les traités de paix, nomme à toutes les dignités, à tous les emplois.

Ne pouvant s'occuper des innombrables détails de l'administration, il a besoin d'auxiliaires qui le représentent et agissent en son nom dans les diverses branches du service public ; il lui faut des ministres, ayant sous leurs ordres d'autres fonctionnaires qui commandent, à leur tour, à des employés inférieurs dont la série descend jusqu'aux dernières ramifications de l'organisation sociale.

Tous ces auxiliaires relèvent du chef suprème de l'État. Etant responsable de leurs actes, il a seul le droit de les nommer et de les révoquer ; autrement il ne pourrait compter sur leur concours et l'anarchie serait en permanence dans l'administration , au grand détriment du pays.

§ 12.

Le pouvoir judiciaire.

Le pouvoir auquel est confiée l'exécution des lois est également chargé de les appliquer dans les contestations entre les citoyens, et de réprimer, de punir ceux qui les méconnaissent ou les violent.

Cette mission est remplie, au nom du peuple ou du Souverain qui le représente, par la magistrature à tous les degrés, depuis la justice de paix jusqu'à la cour suprème de cassation.

L'inamovibilité des juges est la garantie de leur impartialité et de leur indépendance. Cependant cette garantie serait plus complète, si leur nomination et leur avancement étaient astreints à certaines règles, dont l'absence n'est pas moins regrettable dans l'intérêt de la magistrature que dans celui du public.

On dit qu'en France la justice est *gratuite*. Rien n'y coûte plus cher.

Sans doute les juges sont payés par l'Etat; mais ces innombrables intermédiaires : huissiers, avoués, avocats, agréés, arbitres, experts, syndics, etc., par lesquels il faut passer pour arriver devant la justice, est-ce l'Etat qui les paye? Le traitement des magistrats des cours et tribunaux ne figure au budget que pour 27 millions; les officiers ministériels de toute sorte coûtent au pays plus de 300 millions par an.

C'est beaucoup plus que ne lui coûtent les fonctionnaires de toutes les administrations réunies, depuis le Souverain jusqu'au dernier commis.

Vainement on a essayé de mettre la hache dans cette forêt inextricable d'abus. Il y a là une telle quantité d'individus intéressés à la ruine des particuliers et des familles, que de simples réformes seront toujours insuffisantes; il y faut une révolution complète.

—

Ne peut-on pas réduire notablement le nombre de ces hommes de loi, et transformer ceux qui resteraient en fonctionnaires publics qui seraient payés par l'Etat comme les autres?

Il en résulterait, pour les citoyens, une économie considérable et l'égalité y gagnerait plus encore. Pauvres et riches seraient alors également bien défendus devant la justice; tandis qu'aujourd'hui le bon droit sans argent reste aussi sans défense.

L'Empereur a doté les indigents de l'assistance judiciaire; qui empêche de l'étendre à tous?

S'il en était ainsi, il suffirait de multiplier les conseils de prudhommes et d'étendre les attributions du jury pour prévenir les trois quarts des procès.

Sous ce rapport, la Suisse nous offre un précieux exemple à suivre.

La liberté *religieuse*, la liberté *civile*, la liberté *politique*; telles sont les libertés fondamentales dont la réunion forme l'idéal de l'organisation d'un peuple.

Toutes les autres, que nous allons passer successivement en revue; la liberté d'*association*, de *coalition*, de *réunion*, la liberté *industrielle* et *commerciale*, la liberté même de la *presse*, quelle que soit leur importance, ne sont que les conséquences ou l'instrument des trois premières.

§ 13

La liberté d'association

L'homme isolé est faible; il ne devient fort qu'en s'associant avec d'autres, et l'association lui est d'autant plus nécessaire, qu'il est personnellement plus dénué de moyens de travail et de fortune. Aussi, le droit d'association, bien qu'appartenant à tous, est-il particulièrement la ressource des classes laborieuses, l'instrument de leur émancipation, la condition première de l'amélioration de leur sort.

En mettant en commun leurs bras d'abord, leurs économies ensuite, les petits et les pauvres parviennent peu à peu à se soustraire à la domination des riches et des forts; puis à entrer avec eux en partage des bénéfices jusqu'ici réservés à la puissance du capital. De petits ruisseaux qui, isolés, se perdraient dans le sol, finissent, en se réunissant, par former des rivières et des fleuves. L'Angleterre et l'Allemagne, la France même, nous en offrent déjà de remarquables exemples.

L'association est donc le grand levier de la démocratie moderne; si elle sait s'en servir, elle soulèvera le monde.

—

Jusqu'ici l'association a été surtout recommandée aux ouvriers des fabriques et des villes, et c'est, en effet, parmi eux qu'elle est le plus répandue. Cependant, elle ne serait pas moins utile aux ouvriers des campagnes, à ces rudes travailleurs du sol, qui sont en bien plus grand nombre et non moins intéressants que ceux de l'industrie.

On ne saurait trop insister sur les avantages qu'ils retireraient de l'association pour leur instruction professionnelle, pour la culture de leurs terres, l'assurance de leurs récoltes et de leurs bestiaux, la fabrication de leurs produits et l'acquisition de ces puissants instruments aratoires qui abrégeraient leurs travaux en les allégeant.

Les services que leur a rendus l'introduction des batteuses mécaniques, et les bénéfices que leur procurent les fromageries et les distilleries communales, sont des expériences sans réplique.

Mais pour que l'association ne s'épuise pas en de longs et inutiles tâtonnements, pour qu'elle devienne immédiatement féconde, il importe qu'elle ne soit pas exclusivement composée de travailleurs.

Le travail a besoin du capital, comme les membres ont besoin de la tête pour les conduire et leur communiquer la vie ; de son côté, le capital n'a pas moins besoin du travail, sans lequel il resterait improductif. Ce sont deux puissances faites pour s'entendre, et c'est leur entente seule qui pourra clore la révolution sociale.

Leur entente n'est possible qu'à la condition que chacune des deux forces reconnaîtra la valeur et les droits de l'autre. Tant que le travail niera les droits du capital et menacera de le supprimer ; tant que le capital ne verra dans le travail qu'un instrument à son service et refusera de l'associer aux bénéfices qu'il en retire, la guerre continuera des deux côtés avec des chances de plus en plus désastreuses.

L'association du capital et du travail aurait pour résultat de rendre impossibles ces grèves qui sont encore plus fatales aux ouvriers qu'aux patrons.

Aujourd'hui l'ouvrier ne voit que son salaire et le

patron que ses bénéfices qu'il cherche à étendre autant que possible, le plus souvent en diminuant le prix de la main-d'œuvre ; et quand ses magasins sont encombrés de produits, quand il ne peut les écouler, il est forcé de limiter le travail, ou de le payer moins, ou de renvoyer une partie de ses travailleurs qui n'ont alors que la misère en perspective.

Si les ouvriers participaient aux bénéfices, ils ne seraient pas moins intéressés que les patrons à les augmenter ou à empêcher qu'ils diminuent; ils comprendraient que les frais doivent être proportionnés aux profits possibles. Alors plus de discussion ni sur les salaires, ni sur les heures de travail ; plus de chômages, plus d'encombrements de produits, car ouvriers et patrons s'entendraient pour les maintenir toujours en rapport avec la vente.

§ 14.

La liberté de coalition.

En attendant que cette entente du capital et du travail se réalise sur toute la ligne, comme elle a déjà si heureusement commencé dans quelques industries, il importait aux ouvriers de pouvoir se concerter entre eux pour débattre leurs intérêts et défendre leurs droits en présence de ceux de leurs patrons ; il fallait, en un mot, qu'ils pussent se *coa-*

liser. Une loi récente leur en a donné la faculté qui jusqu'alors leur était interdite.

Mais cette faculté est une de celles dont il est le plus facile d'abuser. Tant que les conditions du travail n'auront pas changé, le danger des coalitions ne sera conjuré que par l'établissement de syndicats, composés d'hommes ayant la confiance des ouvriers, et chargés par eux de représenter leurs intérêts, tout en tenant compte des intérêts et de la situation de l'industrie qui les occupe.

§ 15

La liberté de réunion

Mais le moyen le plus efficace et le plus prompt de faire cesser la guerre entre le travail et le capital, c'est d'éclairer les patrons et les ouvriers sur leurs intérêts réciproques : or, rien ne peut plus y contribuer que les *réunions* où la cause des uns et des autres est plaidée pacifiquement par des hommes compétents.

L'ignorance est la mère de toutes les erreurs, de tous les préjugés qui arrêtent le progrès de l'humanité. C'est par leur ignorance que les masses sont livrées, sans défense, à tous ces hâbleurs qui les flattent et les abusent pour les mieux exploiter.

Le développement de l'instruction fera plus pour

leur émancipation et leur bien-être que toutes les grèves et les émeutes.

—

L'ignorance des classes laborieuses a été le principal obstacle aux avantages qu'elles pouvaient retirer des droits de réunion et d'association. Jamais ces droits précieux n'auraient été contestés ni suspendus, sans les abus qui les ont dénaturés, sans les excès qui en ont fait des dangers pour l'ordre public.

C'est en transformant les réunions économiques, industrielles, politiques, en clubs révolutionnaires, et les associations en sociétés secrètes de conspirateurs, que l'on a obligé les gouvernements à les interdire ou à les enfermer dans des limites si étroites, qu'elles ne peuvent produire aucun résultat utile. Pour éviter les inondations, on a cru devoir supprimer la rivière.

§ 16

Liberté industrielle et commerciale

Toutes les libertés s'enchaînent; l'une appelle l'autre. Les libertés industrielle, agricole, commerciale, ne sont pas moins nécessaires que les libertés politiques et appartiennent aussi bien aux nations qu'aux individus.

Les lois qui prohibent dans un État l'introduction des produits étrangers, ou qui ne les y laissent entrer que soumis à des droits exagérés, sont autant de priviléges en faveur des producteurs contre les consommateurs, au profit de quelques-uns et au détriment de la masse. Elles violent également la Liberté et l'Egalité ; elles bouleversent l'ordre établi par Dieu lui-même.

En variant les produits du sol selon les climats, et ceux de l'industrie selon les aptitudes des peuples, la Providence a imposé à ceux-ci la nécessité des échanges, afin d'établir entre eux ces relations incessantes d'où doit sortir un jour l'union de tous les membres de la grande famille humaine et la paix universelle.

—

Pour les individus, les libertés industrielle, agricole et commerciale, se résument dans la *liberté du travail*.

Les anciennes corporations ouvrières, qui divisaient les travailleurs en autant de classes et les embrigadaient sous autant de bannières qu'il y avait de genres de métiers, avaient eu leur raison d'être. Aux époques où l'Etat était trop faible pour protéger les déshérités de la fortune, ceux-ci avaient dû chercher dans l'association la force nécessaire pour défendre leurs droits.

Malheureusement, ils y avaient introduit ce qui existait alors partout ; la hiérarchie avec ses priviléges, et la subordination qui supprimait l'indépendance individuelle.

Le souffle irrésistible de la liberté de 89 a balayé les corporations avec leurs priviléges, en même temps qu'il balayait ceux de toutes les autres classes.

Aujourd'hui, l'ouvrier est maître de son travail comme l'écrivain de sa plume, le propriétaire de son champ, le capitaliste de son argent; et ce qui restait encore de sa dépendance, de ses entraves d'autrefois, vient de disparaître, grâce à la suppression du livret, et à la proclamation de l'égalité des ouvriers et des patrons devant la justice.

§ 17.

La liberté de la presse.

Le droit de chaque citoyen de publier ses opinions sur les faits qui se passent, sur les questions religieuses, politiques, sociales, est aujourd'hui reconnu dans toutes les nations civilisées.

Pour quelques-uns, pour ceux que leur génie ou leurs travaux ont mis en possession de vérités utiles, c'est plus qu'un droit, c'est un devoir. La lumière ne doit pas rester sous le boisseau.

Mais comme l'exercice de ce droit peut entraîner à des abus, même à des dangers pour l'ordre public, il a été partout soumis à des lois plus ou moins restrictives, selon le caractère de chaque nation, la forme de son gouvernement, sa situation intérieure et extérieure.

———

Aucune liberté n'étant illimitée, celle de la presse la plus dangereuse de toutes, ne saurait être sans limites. Il ne s'agit plus que de savoir si elle doit être soumise à des lois particulières ou seulement à celles qui s'appliquent à toutes les autres libertés ; en d'autres termes, s'il faut lui imposer un régime exceptionnel, ou la laisser dans le droit commun.

Les délits et les crimes commis par la voie de la presse, sont de la même nature que ceux qui peuvent l'être par tout autre moyen. Pourquoi donc serait-elle soumise à des lois spéciales ?

Sans doute, il y a des circonstances qui nécessitent des mesures exceptionnelles ; mais ces mesures s'appliquent aux autres libertés comme à celle de la presse. Ne voit-on pas souvent, même chez les peuples les plus indépendants, suspendre jusqu'à la liberté personnelle ?

Aucune raison ne saurait dispenser la presse des restrictions exigées par le salut public.

———

Ses droits et ses devoirs sont tracés par le bon sens, comme ceux des autres libertés. La presse peut tout dire sur les personnes et les choses, pourvu qu'elle respecte la vérité, les principes sociaux et religieux, les droits des citoyens et ceux du Gouvernement ; en un mot, tout ce que les lois protégent.

La presse, étant un instrument de publicité, ne peut parler que des personnes qui occupent des fonctions publiques et que des actes qui se rapportent à ces fonctions. Les simples particuliers ne sont pas de son ressort, et la vie privée, même celle des fonctionnaires, doit rester murée pour elle.

—

Le domaine naturel de la presse comprend les *faits* et la *discussion*.

Publier des faits faux ou dénaturer les vrais, c'est mentir au public, calomnier les individus ou l'Etat : or, la calomnie et le mensonge n'ont jamais été des droits.

Publier des faits vrais, mais qui peuvent nuire soit à la fortune, soit à la réputation des individus ou des familles, soit aux projets du Gouvernement, c'est attenter aux droits d'autrui, ou faire acte de mauvais citoyen.

Discuter avec mauvaise foi les questions religieuses, économiques et politiques, devant un public généralement incapable de juger par lui-même, c'est l'induire volontairement en erreur et abuser de sa confiance.

Attaquer, sans motif grave et dans un autre intérêt que celui du pays, la Constitution, les lois, le Gouvernement qu'il s'est librement donnés, c'est fouler aux pieds la volonté nationale, exciter à la perturbation de l'ordre établi, c'est commettre le crime de lèse-majesté populaire.

18

Etat de la Liberté en France.

Ces principes posés, voyons ce que la France possède aujourd'hui et ce qui lui manque des libertés indispensables à toute société bien organisée.

—

Et d'abord, la liberté *religieuse*.

Est-il vrai qu'en France tous les cultes jouissent d'une égale protection, que chaque citoyen a le droit d'adopter la religion qui lui plaît ou de n'en pratiquer aucune?

S'il en est ainsi, et personne ne peut le contester, il faut en conclure que, chez nous, la liberté religieuse ne laisse rien à désirer.

Aucun autre Etat de l'Europe n'en jouit au même degré. En Allemagne, en Russie, eu Turquie, en Espagne, en Italie, en Angleterre même, ce prétendu foyer de toutes les libertés, partout des restrictions à la liberté des cultes, si ce n'est dans les lois, du moins dans les mœurs; partout des priviléges pour la religion dominante, des persécutions ou des entraves pour les cultes dissidents.

Sous ce rapport, la France est donc le pays le plus libéral de l'Europe.

—

N'en est-il pas de même de la Liberté *civile*?

Sauf quelques entraves que les circonstances politiques ont établies contre la Liberté individuelle et qui ne seront pas longtemps maintenues, peut-on citer un Etat où le citoyen soit plus maître de lui-même, où ses droits soient mieux protégés et respectés, où les lois qui concernent ses biens et sa personne soient plus équitables?

S'il est vrai que la Liberté soit le contraire du privilége, n'est-ce pas uniquement en France que tous les priviléges ont disparu?

Déjà la nuit du 4 août les avait abolis, mais le Code Napoléon en a rendu le retour à jamais impossible. L'esprit d'égalité est devenu, en quelque sorte, partie intégrante de la vie de la nation; tous, riches et pauvres, grands et petits se courbent, sans murmurer, sous le niveau inflexible de la loi commune.

Le seul privilége qui subsiste encore au profit des fonctionnaires sera bientôt restreint dans les limites exigées par l'opinion publique.

—

C'est cette inappréciable égalité devant la loi que toutes les nations nous envient; c'est à l'établir chez elles que tendent tous les efforts de leur libéralisme.

Un Allemand disait dernièrement à un Français :

« On se trompe étrangement chez vous sur le sens
» de notre esprit démocratique. La démocratie alle-
» mande ne rêve qu'une chose, l'égalité des droits
» dont votre Code vous a dotés, qui fait de tout
» Français un citoyen, qui impose à tous les mêmes
» charges et les appelle à participer aux mêmes
» avantages.

» Pour s'élever, en France, aux plus hautes fonc-
» tions, il ne faut que du mérite et l'occasion; chez
» nous il faut, avant tout, la naissance. A quiconque
» n'est pas inscrit sur le livre de la noblesse, les
» emplois supérieurs dans l'armée, la diplomatie,
» la magistrature, l'administration même, sont in-
» terdits; les rares exceptions qu'on peut citer ne
» font que confirmer la règle.

» Cette égalité vous a coûté cher, nous le savons;
» mais nous serions heureux d'en obtenir une pa-
» reille au prix de sacrifices plus grands encore. »

—

La Liberté *politique*, en France, n'est pas moins
supérieure à celle des autres États que la liberté civile.

Avec le suffrage universel, chaque citoyen possède une part égale de la souveraineté nationale. La
Constitution, les lois, la forme du Gouvernement,
tout cela émane de sa volonté; il nomme depuis le
plus modeste conseiller municipal jusqu'au chef de
l'État. S'il a fait de mauvais choix, si les affaires

publiques sont mal conduites, il ne peut s'en prendre qu'à lui-même.

Où trouver quelque part, dans les temps anciens
et modernes, une liberté politique aussi absolue?

Toutes les libertés ne sont-elles pas impliquées
dans le suffrage universel; et celles qui manquent
encore à la France ou qui lui semblent trop res-
treintes, ne peut-elle pas se les donner ou les déga-
ger de toute entrave? Il lui suffit de vouloir : ses
dernières conquêtes libérales en sont la preuve.

———

Depuis les traités de commerce qui ont aboli les
prohibitions, considérablement abaissé les droits de
douane, et supprimé l'échelle mobile, la France
jouit, grâce à l'esprit démocratique et à l'énergie de
son gouvernement, d'une liberté *industrielle, commerciale et agricole* aussi complète que pouvait le
désirer la masse des consommateurs.

———

Les libertés d'*association et de coalition* n'ont d'autres limites que celles qu'exige la tranquillité publique.

———

Quant aux restrictions qui gênent encore inutile-
ment la liberté de *réunion* et celle de la *presse*, elles
disparaîtront bientôt devant la volonté nationale,

La France n'a donc plus que quelques pas à faire pour être, sous tous les rapports, en tête des nations les plus libérales de l'Europe.

Nous venons d'envisager sous toutes ses faces la question de la Liberté, tant en elle-même que dans ses rapports avec nos institutions et nos lois ; nous avons montré que la France possède aujourd'hui toutes les libertés que l'on a appelées *nécessaires*, et que les restrictions, dont quelques-unes sont encore entourées, disparaitront quand elle le voudra.

Passons maintenant à la question de l'Égalité.

CHAPITRE II

—

L'ÉGALITÉ

La France doit à la Révolution de 89 et au Code Napoléon l'égalité civile; la Révolution de 1848 et Napoléon III lui ont donné, par le suffrage universel, l'égalité politique; elle n'attend plus que le complément de l'égalité sociale, pour être en possession de l'égalité absolue.

§ 20.

L'Égalité sociale

Fonder en France, sur des bases inébranlables, c'est-à-dire sur la raison et la justice, cette égalité qui, pour toutes les classes et sous tous les points de vue, ne laisse rien à désirer; tel est aujourd'hui le dernier problème à résoudre.

Il n'a pas été posé ou ne l'a été qu'accidentelle-

ment dans les derniers comices : l'esprit des·élec-
teurs n'y était pas plus préparé que celui des candi-
dats. Il faudra bien cependant que les Chambres et le
Gouvernement s'en occupent ; autrement les partis
s'en empareraient pour agiter les masses, et, au
lieu d'aboutir à une solution pacifique, il condui-
rait peut·être à une nouvelle révolution.

—

Il en est de l'égalité sociale comme de toutes les
autres questions ; avant d'essayer de la résoudre, il
faut s'en faire une idée exacte.

Qu'est-ce donc que l'égalité sociale ? Pas autre
chose que l'égalité des devoirs et des droits sociaux.

Est·ce, comme quelques-uns l'ont prétendu, l'é-
galité des positions, des fortunes ? Ce serait alors
l'impossibe et l'absurde. Les hommes ne sont pas
plus faits pour posséder la même fortune et occuper
les mêmes positions que pour avoir la même figure,
les mêmes aptitudes et les mêmes goûts. Est-ce que,
dans le corps humain, tous les membres sont pa-
reils et y remplissent les mêmes fonctions ; pourquoi en serait-il autrement dans le corps social ?

On ne trouve pas dans les forêts deux feuilles qui
se ressemblent ; à plus forte raison ne trouverait-on
pas dans l'humanité deux individus semblables en
tous points. Le monde moral comme le monde physique n'est composé que de diversités,

—

On ne peut rien contre les lois de la nature,

Ainsi, l'égalité civile a appelé un plus grand nombre d'hommes à participer aux avantages sociaux : au lieu de 50 mille propriétaires qui se partageaient le territoire de la France avant 89, nous en avons aujourd'hui plus de 8 millions, et l'abolition des privilèges a ouvert toutes les carrières à tous ; cependant rien n'a pu faire disparaître les différences entre les fortunes. Si l'on compte plus de riches, surtout plus de gens dans l'aisance et moins de pauvres, il reste encore bien des indigents, et tous ceux qui possèdent ne sont pas millionnaires.

L'égalité politique, dont le suffrage universel a doté la France, atténuera encore ces différences, mais ne pourra jamais les effacer entièrement ; elles subsisteront, même quand l'égalité sociale sera complétement établie. Celle-ci supprimera incontestablement la misère, elle répandra plus largement l'aisance ; mais elle n'égalisera pas les situations, parce qu'elle ne pourra jamais égaliser les capacités et les besoins.

Les différents systèmes inventés jusqu'ici par le socialisme radical pour remédier au mal, n'ont fait que l'aggraver, en effrayant la nation par leur audace, et en révoltant les hommes intelligents par l'injustice et l'absurdité de leurs procédés.

A quoi peut aboutir le partage égal des biens ? S'il était un instant mis en pratique, il ne durerait pas deux jours : dès le lendemain le prodigue aurait cédé sa part à l'homme rangé, et ce serait sans cesse à recommencer.

Maintiendra-t-on cette égalité des biens par la force, par des lois restrictives, par l'impôt progressif?

En supposant qu'on en vienne à bout, quelles en seraient les conséquences? La suppression de toute activité et de tout progrès, la mort des sciences et des arts; partout l'immobilité et l'uniformité avec l'impuissance et l'ennui pour cortége.

L'humanité n'est pas faite pour s'arrêter ainsi, mais pour marcher toujours en avant; elle y est conduite par les supériorités sociales et poussée par les classes inférieures qui veulent s'élever à leur tour : telle est sa loi, contre laquelle aucune utopie égalitaire ne saurait prévaloir.

—

La mise en commun de toutes les propriétés, de tous les capitaux du pays, n'est que le rêve d'un vieux moine qui voudrait transformer la nation en un immense couvent où tous les âges, tous les sexes, tous les talents, tous les caractères seraient forcés de vivre sous une règle uniforme, au mépris des lois fondamentales de la nature humaine.

Les impuissantes tentatives des Phalanstériens et des Icariens ont fait justice de ce rêve insensé.

L'amour de la propriété est un des sentiments les plus vifs, les plus enracinés dans le cœur de l'homme, qui voit, avec raison, dans les biens qu'il possède, non-seulement une extension de sa puissance et de ses moyens d'action, mais encore une augmentation de sa personnalité.

La propriété en commun n'est plus la propriété. Les forêts, les palais, les casernes, les différents bâtiments de l'Etat sont des propriétés communes à tous les citoyens; quel intérêt leur inspirent-elles? Le paysan leur préfère cent fois sa chaumière.

Ce qui appartient à tous n'appartient à personne.

—

L'abolition de la propriété individuelle est donc une des conceptions les plus extravagantes qui soient sorties d'un cerveau malade. Elle révolte à la fois la dignité et la liberté de l'homme, ses sentiments de justice et de famille; elle supprime le plus énergique stimulant de son activité et la principale cause de tous les progrès.

Malgré les excellentes choses qu'ont écrites et prêchées sur d'autres points les disciples de Saint-Simon et de Fourrier, cette absurde théorie a suffi pour les enterrer sous le ridicule. Il est vrai qu'en pratique ils n'ont pas tardé à donner à leur doctrine un éclatant démenti. Aujourd'hui ils seraient les premiers à dire :

« Eh quoi! cette propriété que j'ai créée par
» mon génie, ou acquise par mon travail, ou reçue
» de mes parents, ne serait pas à moi comme sont
» à moi mes yeux et mes bras! Qui oserait me la

» contester ? Ceux-là seuls qui sont incapables de
» produire ou de conserver. »

En parlant ainsi, les anciens apôtres du communisme auraient grandement raison. La caste des abolitionistes et des partageurs ne se recrute que dans les bas-fonds de la bêtise, de la paresse et du vice. Triste caste, à laquelle tout homme honnête rougirait d'appartenir.

Le principe fameux : « A chacun selon sa capacité, à chaque capacité selon ses œuvres, » a d'abord d'autant plus séduit les esprits vulgaires, qu'il leur paraissait fondé sur la justice et qu'il répondait parfaitement à leurs appétits et à leur vanité. Quel est l'homme qui se croie moins capable que les autres ?

La difficulté ou plutôt l'impossibilité a été dans l'application. Tous prétendaient aux premiers rangs de la nouvelle organisation sociale, et personne ne voulait travailler que pour soi.

Afin d'arriver à l'égalité absolue, des réformateurs non moins insensés proclament la nécessité d'une *liquidation sociale* ; et, par ces mots, ils entendent l'abolition de tous les droits existants, de toutes les propriétés mobilières et immobilières, sauf à les répartir ensuite d'une manière plus équitable. Ils veulent d'abord faire table rase ; mais ils sont loin d'être d'accord sur ce qu'ils mettront à la place du vieil édifice quand il aura disparu.

La plupart, il est vrai, n'en savent rien et s'en inquiètent peu, et, parmi ceux qui y pensent, il y a autant de systèmes que de têtes. Mais, quel que soit leur plan de réorganisation, on peut leur prédire hardiment que, s'il n'est pas basé sur les principes de la justice et conforme aux lois de l'humanité, leur nouvel édifice s'écroulera comme un château de cartes.

S'ils veulent le construire assez solidement pour y abriter les générations futures, ils seront forcés de le faire presque entièrement sur le plan et avec les matériaux de l'édifice actuel. Or, pourquoi détruire ce qui est, quand on n'a rien de mieux pour le remplacer?

—

Le problème de l'égalité sociale ne peut donc se résoudre ni par le renversement des principes fondamentaux de la société, ni par le nivellement des positions et des fortunes.

—

Mais pour arriver à sa solution, doit-on se borner à décreter l'égalité des droits et des devoirs de tous les citoyens? S'il en était ainsi, le problème serait depuis longtemps résolu. Il l'a été par la suppression des priviléges et la proclamation de l'égalité civile. Depuis lors, il n'est pas de soldat qui ne porte, comme on l'a dit, le bâton de maréchal dans son sac, et pas d'employé qui n'ait en perspective dans son pupitre un portefeuille de ministre.

Reste à savoir si les charges sociales sont toutes équitablement réparties, et si, pour arriver à tout, il suffit d'en avoir le droit.

Là est la véritable question. Nous allons essayer de la résoudre.

§ 21

Les charges sociales.

Les charges sociales se réduisent à deux : l'*impôt* et le *service militaire*, qu'on appelle aussi l'impôt du sang, le plus lourd de tous.

Ces deux impôts sont également nécessaires.

L'Etat a des besoins qui exigent des ressources proportionnées à leur importance. La justice, les cultes, l'instruction publique à tous les degrés, l'administration intérieure dans toutes ses branches, les travaux publics, l'agriculture, l'industrie, le commerce, les relations extérieures; tous ces services coûtent de l'argent qui ne peut être demandé qu'à l'impôt.

L'Etat a besoin d'une marine pour protéger son commerce et faire respecter son pavillon sur tous les points du globe; il a besoin d'une force publique pour maintenir l'ordre à l'intérieur, et d'une armée qui défende le pays contre l'étranger. Pour tout cela il lui faut non-seulement de l'argent, mais encore des hommes que la nation seule peut fournir.

—

La légitimité de l'impôt de l'argent et de celui du sang n'est donc pas contestable, à la double condition que ces impôts soient réduits au plus strict nécessaire, et le plus équitablement répartis.

En est il ainsi? Parmi les dépenses du budget ne s'en trouve-t-il aucune d'inutile ou d'exagérée? Sur les centaines de mille hommes qu'exigent les services de la marine et de l'armée, est-il impossible de faire aucune réduction? Enfin, cette double charge sociale est-elle répartie proportionnellement aux ressources de chaque individu et aux avantages qu'il en retire?

—

Les services publics doivent être suffisamment rémunérés, et leur rémunération doit être en rapport avec leur importance, avec les capacités et les travaux qu'ils exigent.

Cette rémunération consiste en *argent* et en *considération*.

La considération toute seule suffit rarement, surtout dans les sociétés démocratiques, et n'est pas toujours le moyen le plus économique. Souvent les services gratuits sont mal remplis, et en définitive, les plus coûteux.

La règle générale est que quiconque donne à l'Etat son temps et son talent doit en recevoir, en échange, les moyens de subvenir à ses besoins et aux charges de son emploi.

Mais là s'arrête le droit. Tout ce qu'un fonctionnaire reçoit en sus des nécessités de sa position est du superflu, de la prodigalité, une sorte de vol fait aux contribuables, qui sont tenus de payer les services publics, mais non le luxe des fonctionnaires.

Quelques milliers de francs de plus ou de moins ne sont rien, sans doute, dans un budget de plus de *deux milliards ;* mais ils pèsent d'un poids énorme dans la balance de la justice et quelquefois dans les destinées d'un Gouvernement.

—

On connaît l'inépuisable bienfaisance de Joséphine. Un jour que Napoléon lui reprochait vivement l'exagération de ses dépenses, elle lui répondit :

« Mon ami, pendant que tu gagnes des batailles, moi, je te gagne des cœurs. »

Certains fonctionnaires du petit-fils de celle que le peuple appelait « la bonne impératrice » se sont-ils jamais demandé combien de cœurs ils lui font perdre par les traitements exagérés qu'ils prélèvent sur le trésor public?

§ 22

L'Impôt direct.

Les impôts se divisent en *directs* et *indirects*.

Les impôts *directs* sont généralement mieux répartis en France que partout ailleurs. Cependant, malgré les efforts qui ont été faits, depuis le commencement du siècle, pour arriver à une répartition parfaitement équitable, on n'y est point encore parvenu.

La propriété mobilière, qui consiste en capitaux ou en titres de rentes de toute sorte, échappe presque complétement à l'impôt ; tandis que la propriété immobilière, qui comprend les constructions et le sol, supporte la plus grande part du fardeau.

La difficulté d'atteindre par l'impôt la fortune mobilière est-elle une raison suffisante pour justifier une aussi choquante anomalie ? Cette anomalie n'existe pas dans plusieurs pays étrangers ; pourquoi la France, ce pays de l'égalité absolue, ne s'efforcerait-elle pas de la supprimer ?

On ne fera jamais comprendre au bon sens populaire qu'il soit juste de faire payer l'impôt au pauvre homme qui n'a que sa chaumière, tandis que le capitaliste, avec trois cent mille livres de revenu, ne paye rien.

—

Les classes laborieuses, du moins dans les grandes villes, où elles sont en plus grand nombre, ont peu à se plaindre aujourd'hui des impôts *personnel* et *mobilier ;* depuis quelque temps elles en sont complétement exemptes. Mais l'impôt des *pat ntes* est loin d'être en rapport avec l'importance du commerce ou de l'industrie de ceux qui le paient.

—

L'impôt *foncier*, celui qui frappe la terre, laisse encore plus à désirer.

Ainsi les différentes parties du territoire de la France ne donnent plus les mêmes revenus qu'elles donnaient sous le premier Empire. Plusieurs causes, dont les principales sont les progrès de l'agriculture, l'établissement des nouvelles voies de communication, l'ouverture de nouveaux débouchés, ont apporté de notables changements dans la quantité et la valeur des produits du sol des différentes contrées ; cependant l'impôt qu'elles paient aujourd'hui diffère peu de celui qu'elles payaient alors.

De là ces demandes incessantes et si bien justifiées des représentants des populations rurales pour obtenir la révision de l'impôt foncier, afin d'arriver à sa péréquation.

§ 23

Les impôts indirects

Mais où l'inégalité est surtout frappante, c'est dans les impôts *indirects*, parmi lesquels figurent, en première ligne, l'impôt sur les *boissons* et celui de l'*octroi*.

Ces impôts frappent particulièrement les objets de consommation, c'est-à-dire de première nécessité. Le pain seul s'en trouve généralement exempt, sans qu'on puisse en indiquer le motif ; car si c'est parce que le pain est considéré comme l'aliment nécessaire des masses, qui pourrait prétendre qu'aujourd'hui la viande, les liquides et les combustibles ne leur soient pas également indispensables ?

Ces impôts sont productifs ; telle est la grande raison qui les a fait établir et qui pourrait les maintenir, s'ils ne violaient pas la première condition de tout impôt, l'équité. Mais sont-ils justement répartis ? N'est-il pas évident que les ouvriers, les pauvres en supportent une part proportionnellement plus forte que les riches ?

—

Cependant là n'est point la principale cause qui les a rendus, de tout temps, si odieux et qui exige impérieusement leur suppression. Ils ont des vices inhérents à leur nature et qu'aucune modification, aucune atténuation ne saurait leur enlever.

Sans parler des frais énormes et des nuées d'employés qu'exige leur perception, ils vexent toutes les classes de la population, depuis le producteur jusqu'au consommateur; ils entravent la production de l'industrie et de l'agriculture, surtout celle du vin, qui est une des plus grandes richesses de la France; ils poussent à la fraude des denrées nécessaires à la vie et compromettent ainsi gravement la santé publique.

N'est-ce pas assez pour les condamner à tout jamais?

Il est impossible que le Gouvernement, après avoir tant fait pour favoriser la liberté des échanges de peuple à peuple, maintienne plus longtemps les innombrables barrières qui s'opposent au libre-échange des produits de la France entre ses habitants.

Les décisions du suffrage universel sont aujourd'hui souveraines. Qu'on le consulte sur la question de l'abolition ou du maintien des impôts des boissons et de l'octroi. La réponse ne se fera pas attenare; ces impôts disparaîtront instantanément devant la réprobation universelle, et le Gouvernement qui aura eu cette bonne inspiration acquerra, par cela seul, une incomparable popularité.

Sans doute il faut aux villes comme à l'Etat des ressources pour leurs besoins : mais n'est-il pas possible de demander aux impôts directs le produit de ces taxes iniques et vexatoires? De quel droit fait-on payer au voyageur, au prolétaire, les embellissements d'une cité où il n'a pas même une masure?

On compte aussi des villes, et de fort considérables, en Belgique, en Angleterre, en Amérique : ces villes tombent-elles en ruine parce que les ressources de l'octroi leur manquent?

§ 24

Le service militaire.

L'impôt du service militaire excite moins de répulsion; cependant il est incontestablement, de toutes les charges sociales, la plus lourde et la moins équitablement répartie.

Tous les Français, âgés de vingt ans accomplis, sont bien également sujets à la conscription; mais les uns peuvent aisément se soustraire à ses conséquences, tandis que les autres ne le peuvent pas; et les jeunes gens, que le défaut de ressources oblige à passer les plus belles années de leur vie sous les drapeaux, sont précisément ceux dont le travail est le plus nécessaire pour eux et pour leur famille.

Qu'importe à un riche de payer deux ou trois mille

francs pour racheter son fils? Mais une pareille somme dépasse les moyens de l'ouvrier et du paysan. L'impôt du sang est donc *obligatoire* pour les uns et *facultatif* pour les autres.

De plus, si ceux qui ont de la fortune entrent dans l'armée, c'est presque toujours par la porte des officiers, qui les conduit à une position; tandis que ceux qui n'en ont pas n'entrent que par la porte des simples soldats, qui, pour la plupart, ne mène à rien, si ce n'est à se faire tuer.

Est-ce là de l'égalité?

—

Pour effacer cette injustice, faut-il, comme en Prusse, astreindre tous les jeunes gens, sans exception, au service militaire? Le remède serait pire que le mal, car il ne servirait qu'à l'étendre à tous.

Mais, n'est-il pas possible de trouver une combinaison qui, tout en permettant aux uns de s'exempter de cette charge, la ferait considérer par les autres comme un avantage? Ne peut-on pas, au moyen d'une contribution payée par ceux qui *restent* en faveur de ceux qui *partent*, former une somme assez attrayante pour composer, sauf le cas fort rare d'une grande guerre nationale, l'armée tout entière de soldats volontaires?

—

Le goût des armes est assez répandu chez nous, et le sort des classes laborieuses assez pénible pour que l'État, sur 330,000 conscrits, trouve chaque

année les 50,000 hommes qu'il enrole sous les drapeaux, sans recourir à d'autres moyens que l'appât
de 2 à 3,000 francs qui seraient assurés à chaque
soldat après son congé; d'autant plus qu'à ce stimulant viendraient se joindre la perspective des
primes affectées aux rengagements, l'espoir de
monter en grade et la certitude d'une retraite qui
est aujourd'hui suffisante pour mettre à l'abri du
besoin les anciens défenseurs du pays.

Grâce aux mesures prises par l'Empereur, l'état
militaire en France est déjà une carrière ; la nouvelle combinaison rendrait cette carrière plus avan-
tageuse, plus attrayante encore. Mais son principal
avantage serait de faire disparaître une des plus
choquantes inégalités qui existent dans la démocratie française.

Il va sans dire que les exemptions légitimes, dé-
terminées par la loi, seraient maintenues ; nul ne
pouvant être obligé à un devoir qu'il ne peut remplir.

Or, il n'y a d'exemptions légitimes que pour
vice de conformation et faiblesse de constitution ;
que pour ceux qui ont des frères sous les drapeaux
et pour les *véritables* soutiens de famille, c'est-à-dire
les frères aînés d'orphelins, les fils aînés de veuves ou de pères âgés de plus de 70 ans ; à la condition que ces pères, ces veuves, ces orphelins
se trouvent dans l'impossibilité, sans un *soutien*, de
subvenir à leurs besoins.

4.

S'ils sont riches ou seulement dans l'aisance, ils peuvent se passer de soutien ; rien alors ne justifie la faveur dont ils jouissent aujourd'hui.

La difficulté de fixer la limite entre le besoin et la fortune n'est pas une raison suffisante pour maintenir un injuste privilége.

—

Dans ce nouveau système, la révision aurait lieu pour tous les conscrits, sans exception. Tous les hommes valides, qui n'auraient pas d'exemptions légitimes, seraient astreints au service, mais avec la faculté de s'en libérer en payant chacun sa part de l'indemnité destinée à ceux qui partiraient.

Cette part serait d'autant plus faible qu'un plus grand nombre contribuerait à former la somme totale, et d'autant plus facile à réunir, même pour l'ouvrier et le paysan, que l'Etat, les sociétés de secours mutuels, surtout les compagnies d'assurance pourraient leur en fournir les moyens.

—

La conséquence de ce mode de recrutement de l'armée serait nécessairement la suppression du tirage au sort.

On ne s'explique pas comment ce vieux reste des coutumes barbares du moyen âge a pu être conservé jusqu'à nous. N'est-il pas à la fois injuste et insensé de faire dépendre du hasard une charge aussi grave

que celle du service militaire, et de mettre en lo-
terie le sang de la jeunesse du pays?

Est-ce qu'on tire au sort les autres impôts?

Comme on le voit, la France a encore bien des
réformes à faire pour arriver à une répartition équitable de ses charges sociales. Elle n'en a pas moins
pour établir l'égalité dans les avantages sociaux.

C'est ce que nous allons démontrer.

§ 25.

Les avantages sociaux

Les avantages sociaux sont les moyens qu'une société met à la disposition de ses membres pour satisfaire aux besoins divers de leur *corps* et de leur
âme.

Ces besoins se réduisent à deux : celui de se *conserver* et celui de se *développer.*

Dans un état social bien organisé, tout citoyen
doit pouvoir conserver et développer sa personne,
sa position, sa fortune.

A ceux qui sont riches ou dans l'aisance, l'Etat

doit, d'abord, le maintien de l'ordre qui leur garantit la tranquille possession de ce qu'ils ont; puis, les facilités et le concours qui leur permettent de l'améliorer.

Les mesures qui peuvent nuire à la propriété, à l'industrie, au commerce de quelques-uns, ne sont légitimes qu'à la condition d'être commandées par l'intérêt général du pays, et suivies d'une équitable indemnité.

—

A ceux qui vivent des fonctions qu'ils remplissent, l'Etat doit la sécurité d'abord, puis l'avancement quand il est justifié pas leurs capacités et leurs services.

Les avancements de faveur s'appellent, avec raison, des *passe-droits,* c'est-à-dire des iniquités. Il s'en commet dans toutes les administrations et sous tous les régimes, principalement dans les gouvernements de partis et à la suite des révolutions.

Voilà pourquoi les règles qui doivent présider au choix et à l'avancement des fonctionnaires ne sauraient être trop rigoureusement observées.

—

Mais c'est à ceux qui n'ont pour vivre que leur travail, c'est aux pauvres et aux faibles que l'Etat doit plus spécialement son assistance, parce que ce sont eux qui en ont le plus besoin.

D'ailleurs, en s'occupant d'améliorer leur sort, il travaille en même temps dans l'intérêt de ceux qui

possèdent, car il prévient ces secousses révolutionnaires qui bouleversent aussi bien les fortunes particulières que les gouvernements.

§ 26.

Situation matérielle des masses.

Le premier besoin des classes laborieuses est de
vivre, c'est-à-dire de conserver leur *corps* et leur
âme.

Pour se conserver, le corps a besoin de se nourrir,
de se vêtir, de s'abriter, et l'âme, de certaines no-
tions élémentaires, de certains principes de morale
et de religion, sans lesquels elle resterait dans l'a-
brutissement.

Ces moyens de conservation de l'âme et du corps
sont d'une indispensable nécessité ; le devoir le
plus impérieux d'un état social est de les mettre, autant qu'il le peut, à la disposition de chacun de ses
membres.

En est-il ainsi en France ?
Bien que ce pays soit incontestablement celui de
l'Europe où il y a le plus d'aisance et le moins de
misère, il n'en est pas moins vrai que les difficultés
de la vie matérielle y sont encore très-grandes pour
les classes laborieuses, et presque insurmontables
pour la moitié la plus faible de l'humanité, pour la

femme, quand elle est réduite à vivre de son travail.

Le pain quotidien n'est pas toujours assuré pour les ouvriers de l'industrie; il l'est bien moins encore pour l'ouvrière qui se voit souvent forcée de le demander à son déshonneur.

Les enfants, la vieillesse, les maladies, le chômage viennent encore aggraver cette déplorable situation.

Autrefois, la Religion était seule pour secourir tant de misères; elle continue toujours sa noble mission au moyen des œuvres de charité qu'elle multiplie sous toutes les formes. Aujourd'hui, l'Etat travaille dans le même but, par ses nombreux établissements d'assistance publique, dont les dépenses et les ressources s'accroissent chaque année.

On est ainsi arrivé à soulager plus efficacement l'indigence, même à la diminuer notablement, mais sans la supprimer; et l'on se demande si c'est bien sous cette forme qu'il faut désormais continuer de la combattre, ou si, au moyen de certaines institutions sociales, qui exigeraient le concours des indigents et enlèveraient à l'assistance ce qu'elle peut avoir encore d'humiliant pour eux, on ne parviendrait pas plus promptement et plus sûrement à faire disparaître la misère et en rendre le retour à jamais impossible.

§ 27.

Situation morale des masses.

Quelque triste que soit l'état matériel d'une partie des classes laborieuses, leur situation intellectuelle et morale est plus déplorable encore.

Il y a vingt ans, plus du tiers des hommes et de la moitié des femmes ne savaient ni lire ni écrire. Depuis quelques années l'instruction primaire s'est, il est vrai, considérablement développée ; cependant elle est encore bien inférieure à ce qu'elle devrait et pourrait être.

D'ailleurs la lecture et l'écriture ne sont pas l'instruction, mais seulement des moyens de l'acquérir. A quoi sert de savoir lire, si on ne lit pas ou si on ne lit que des livres futiles et, qui pis est, des livres immoraux ? La portière, la fille légère qui dévore un roman par jour, en est-elle pour cela plus instruite ?

Ce qu'il faut au peuple ce sont de bons livres, attrayants, mais utiles au cœur comme à l'esprit ; des livres qui lui apprennent ce qu'il doit savoir pour remplir ses devoirs d'homme et de citoyen, ainsi que ceux de sa profession.

Les bibliothèques ouvrières et communales ont déjà, sous ce rapport, rendu de grands services ; elles en rendront de plus grands encore, lorsqu'elles seront plus nombreuses, mieux composées et surtout plus fréquentées. Il faut peupler ces bibliothèques de livres et de lecteurs: tel est le but auquel tout le monde doit concourir.

—

L'immoralité fait chaque jour de nouveaux progrès, principalement dans les villes. Les classes ouvrières y sont poussées par toute sorte de tentations, surtout par l'exemple des classes supérieures qui, au lieu de rougir de leurs vices et de les cacher, se font gloire de les étaler en public.

Là est la plaie la plus profonde, la plus cancéreuse de notre état social. Qu'attendre d'un peuple voué à la corruption, chez lequel le vice accroît sans cesse les besoins en même temps qu'il diminue les moyens d'y satisfaire, le travail et l'économie?

—

Le vice a cela de caractéristique, qu'il consomme beaucoup, ne produit rien et rend incapable de produire. Qui pourrait calculer les millions qu'il engloutit et le nombre des victimes, bien plus précieuses que l'argent, qui deviennent la proie de ce Minotaure des temps modernes? Ce sont des hécatombes de jeunes filles qu'il faut chaque jour au monstre pour l'assouvir.

Et que deviennent ces maheureuses, après que le besoin, la vanité, la ruse ou les **mauvais exemples**

les lui ont livrées en pâture? La plupart n'ont d'autre
perspective que la honte avec la misère, et, pour
comble, l'abandon de leurs enfants à la charité et au
mépris public. Elles n'ont pas même les joies de la
maternité ni ses nobles instincts qui, peut-être, les
releveraient.

Quant a ceux qui les ont ainsi flétries, la loi leur
accorde la plus scandaleuse impunité. Ils ne doivent
rien à ces pauvres femmes, rien aux enfants dont
ils sont les pères, pas même le morceau de pain et
la cruche d'eau qu'Agar, avec son fils, emporta
dans le désert.

—

Est-ce que la législation restera toujours muette
en présence d'iniquités aussi révoltantes?

Elle punit le voleur de quelques pièces de mon-
naies, et ne pourrait atteindre celui qui vole à un
père sa fille, à un mari sa femme! Elle condamne
le calomniateur, et serait sans force contre ceux
qui portent le déshoneur dans les familles! Elle
sévit contre l'homme qui en frappe un autre,
et laisserait impuni celui qui, après avoir tué mora-
lement une jeune fille, la voue à la honte et au
malheur pour toute la vie! Elle oblige les parents
à élever leurs enfants et à leur laisser leur fortune,
et n'imposerait aucun devoir aux pères des enfants
naturels!

La *recherche* de la paternité est, dit-on, interdite.
Cette interdiction se comprend quand il s'agit d'une

paternité douteuse, difficile à découvrir; mais en doit-il être ainsi, lorsqu'elle est avérée, patente? Est-il besoin de *rechercher* une paternité que tout le monde connaît? Cependant, même dans ce cas, le séducteur ne doit rien à sa victime, qui seule subit les fatales conséquences de la faute commune !

Est-ce là de la justice, et la France osera-t-elle se vanter de l'égalité de ses lois, tant qu'elles toléreront cet odieux sacrifice de la faiblesse à la force ?

—

C'est dans les grands centres d'industrie, surtout, que la jeunesse des deux sexes s'abâtardit et se flétrit. Filles et garçons y travaillent, mangent et dorment pêle-mêle. L'attelier devient ainsi un effroyable foyer de corruption, sans parler de la dime honteuse que certains patrons prélèvent sur la jeunesse et la beauté de leurs ouvrières.

La loi s'est occupée du sort des enfants dans les manufactures. Pourquoi n'a-t-elle rien fait pour protéger la jeune fille contre un danger bien plus redoutable que la perte de la santé?

—

Autrefois, toutes les classes de la société recevaient leur éducation morale de la religion, qui la leur donnait assez complète pour accomplir leurs devoirs particuliers et sociaux. Aujourd'hui encore c'est de la religion seule que les masses peuvent l'attendre. Mais la religion n'a plus le même empire; son autorité s'affaiblit de plus en plus dans toutes les classes de la société.

C'est un malheur, un malheur plus grand qu'on ne pense. Mais à qui la faute? Les progrès de la science et de la philosophie y sont sans doute pour quelque chose; cependant, si au lieu de combattre le progrès ou de se laisser traîner à sa remorque, les chefs de la religion s'étaient, comme aux premiers temps du christianisme, placés résolument à sa tête, verrions-nous aujourd'hui cette lutte déplorable entre deux choses si bien faites pour s'entendre : la science et la religion !

Le prochain concile pourrait faire beaucoup pour rétablir leur accord; mais s'occupera-t-il seulement de cette question capitale? N'est-il pas à craindre, au contraire, qu'il ne creuse plus profondément encore l'abîme qui les sépare ?

—

Quoi qu'il en soit, le problème de la misère physique et morale s'impose aujourd'hui, plus fatalement que jamais, aux méditations de l'homme d'État et du législateur. Ce problème réclame une solution d'autant plus urgente que le suffrage universel a rendu les masses maîtresses de la situation, et qu'avec la diffusion des lumières, le droit de réunion et de coalition, et les excitations des meneurs, il est à craindre qu'elles n'exigent, même par la force, ce qu'on aurait hésité à leur accorder au nom de la justice.

—

Il ne faut cependant pas que les masses laborieuses se fassent illusion sur ce qu'elles ont à attendre de l'Etat. Celui-ci leur doit tout ce qu'il peut pour leur procurer du travail, faciliter leurs économies, les secourir dans les infirmités, les accidents, les maladies, la vieillesse; mais il ne leur doit que ce qui est en son pouvoir. C'est à elles de faire le reste : d'abord, de ne pas entraver le gouvernement dans l'accomplissement de ses devoirs envers elles, ce qui leur arrive toutes les fois qu'elles troublent l'ordre public ; ensuite de se prêter à toutes les mesures destinées à l'amélioration de leur sort.

C'est sur lui-même que l'ouvrier doit compter avant tout. Il n'y a ni gouvernement, ni système social qui puisse le dispenser du travail et d'une bonne conduite; aucune combinaison ne saurait le préserver des conséquences de sa paresse et de ses vices.

Le secours de la société ne doit et ne peut lui arriver qu'après ses propres efforts. « Aide-toi, la société t'aidera : » telle doit être désormais la devise du travailleur.

Ceux qui lui tiennent un autre langage sont des insensés ou des flatteurs, c'est-à-dire ses plus dangereux ennemis.

§ 28.

La principale condition de l'égalité.

Si l'instruction primaire est aujourd'hui à la disposition de toutes les classes, l'instruction secondaire et l'instruction supérieure sont encore le privilége de la fortune; ce n'est que par de rares exceptions que les enfants du peuple arrivent à pouvoir en profiter.

Cependant elles sont la condition presque absolue pour parvenir aux fonctions élevées de la société, pour entrer dans les carrières qu'on appelle libérales, et même pour occuper les postes honorables et lucratifs dans l'agriculture, le commerce et l'industrie.

Pour ètre médecin, avocat, magistrat, avoué ou notaire, prêtre ou professeur, administrateur, député, conseiller d'État, sénateur, ne faut-il pas avoir fait ses classes ? Les hauts grades dans l'armée et la marine sont réservés presque exclusivement à ceux qui sortent des écoles; et toutes les grandes industries, toutes les exploitations importantes s'empressent, avec raison, de placer à leur tète des hommes qui ont reçu une instruction supérieure à celle du vulgaire.

Tant que cette instruction élevée ne sera pas mise à la portée de tous, l'égalité sociale ne sera qu'un leurre. Que sert d'avoir proclamé l'égalité des droits aux avantages sociaux, si l'accès des plus enviables est interdit aux déshérités de la fortune?

—

En s'associant entre eux et surtout avec le capital, en multipliant les sociétés coopératives, celles de crédit, d'assurance et de secours mutuels, les travailleurs finiront par supprimer la misère et parviendront à l'aisance. Mais l'instruction supérieure peut seule leur ouvrir la porte des plus hautes fonctions sociales.

L'Etat doit la mettre à la disposition de tous ceux qui, à la suite d'examens et de concours impartiaux, seront reconnus les plus capables d'en profiter; autrement jamais la France ne jouira de l'égalité complète.

—

Craindrait-on, par là, d'encombrer encore d'avantage les avenues des carrières libérales, et d'augmenter le nombre de ces êtres déclassés qui deviennent des piliers d'estaminets, des orateurs de clubs, des chefs d'émeute?

Mais on oublie que la plupart de ces déclassés sont ce qu'il y a de pire, parmi les fruits secs de la science, sous le rapport du talent, du travail et de la conduite.

—

L'instruction supérieure, mise à la portée de toutes les classes, ne peut avoir pour résultat de multiplier cette triste engeance; elle n'augmentera, au contraire, que le nombre des hommes vraiment capables de remplir les principales fonctions publiques. Et, où serait le mal, si, au lieu d'être occupées par des médiocrités qui n'ont de titre que la faveur, ces fonctions pouvaient être, désormais, réservées au seul mérite?

—

Les médiocrités et les fruits secs des écoles, une fois convaincus que les carrières libérales leur sont fermées, se rejetteront vers d'autres débouchés. Comme tous ceux qui, malgré leurs capacités, n'ont pas le goût des emplois publics, ils trouveront dans l'agriculture, l'industrie, le commerce, la navigation, des carrières non moins honorables et plus lucratives.

Ce que fait la jeunesse allemande, anglaise, américaine, pourquoi la jeunesse française ne le ferait-elle pas?

§ 29.

Le moyen d'accomplir les réformes.

Mais, pour répandre dans toutes les les classes l'instruction à tous les degrés, comme pour la réalisation de tant d'autres réformes plus ou moins urgentes, il faut des ressources qui, ne pouvant être demandées à de nouveaux impôts, doivent être trouvées dans la suppression des dépenses inutiles.

Quelles sont-elles?

Si la paix était assurée, les dépenses les plus

inutiles et dont la suppression fournirait le plus de ressources sont celles de l'armée et de la marine militaire, qui ont le double inconvénient d'épuiser le Trésor et d'enlever à l'agriculture, à l'industrie, les bras dont elles ont si grand besoin.

Malheureusement, la paix n'est pas sûre, la guerre est toujours à craindre, et tant que cette situation anxieuse n'aura pas cessé, les réformes les plus urgentes seront forcément ajournées.

Reste à savoir si le Gouvernement et la France sont capables de subir longtemps encore un pareil état de choses, qui les paralyse et les ruine.

Malgré les horreurs de la guerre et la légitime répulsion qu'elles inspirent, il n'est pas un français qui ne préfère une guerre immédiate à la prolongation indéfinie de la paix armée.

L'incertitude est ce qu'il y a de plus insupportable à notre caractère national.

RÉSUMÉ

—

Dans le rapide exposé qui précède, après avoir posé les principes politiques et sociaux, nous avons montré la situation actuelle de la France sous le double point de vue de la *Liberté* et de l'*Egalité*, en signalant ce qu'elle a et ce qui lui manque.

Elle a tout quant aux principes ; il ne lui manque que de faire passer dans la pratique quelques-unes des conséquences qui découlent de ces principes et que le pays réclame.

—

Ainsi, plusieurs de ses *Libertés*, entre autres, la liberté personnelle, celles d'association, de réunion et de la presse, sont encore soumises à des restrictions qui les empêchent de produire tout le bien qui devrait en résulter pour le Gouvernement comme pour la nation.

—

Mais c'est principalement la participation aux

charges et aux avantages sociaux, qui appelle les réformes les plus importantes et les plus urgentes.

La plupart de nos impôts exigent une répartition plus équitable ; ceux qui portent sur les boissons et l'octroi doivent être supprimés ou convertis en impôts moins vexatoires, moins funestes à l'agriculture ; l'impôt du service militaire attend une transformation complète.

—

La situation matérielle et morale des classes laborieuses réclame, non moins impérieusement, les réformes et les institutions qui leur permettent d'améliorer leur sort par le travail, l'économie, l'instruction et la moralité.

—

Le moyen de réaliser toutes ces réformes est dans la suppression des dépenses les plus inutiles et les plus coûteuses ; celles de l'armée et de la marine militaire, qui, cependant, ne peuvent être réduites qu'autant que la paix soit établie sur de solides bases.

—

Tel est la tâche multiple qui s'impose à nos gouvernants comme à nos législateurs.

Le gouvernement de l'Empereur n'a pas attendu ce moment pour s'en occuper. Aucun autre n'a fait autant que lui pour les masses. C'est aux mandataires de la nation de le pousser de plus en plus dans cette voie et de s'associer à ses généreux efforts.

Les nouveaux droits qui leur ont été conférés seraient complétement stériles, si, au lieu de les faire servir au profit du peuple, ils n'y voyaient qu'un moyen de se disputer le pouvoir, à l'exemple de tant d'assemblées politiques qui ont laissé de si tristes souvenirs.

Dans ce cas, la nation, bientôt fatiguée de leurs discussions oiseuses, se verrait forcée, pour éviter de retomber dans l'impuissance et le marasme, de recommencer la révolution, ou de se jeter de nouveau dans les bras de ce pouvoir *personnel* qui, malgré toutes les critiques dont il vient d'être l'objet, lui paraîtrait seul capable de répondre à son attente.

PERRON.

Paris, le 15 septembre 1869.

PARIS. — IMPRIMERIE BALITOUT, QUESTROY ET Cᵉ, RUE BAILLIF, 7.

PARIS

IMPRIMERIE BALITOUT, QUESTROY ET Cⁱᵉ

7, rue Baillif et rue de Valois, 13